D1499774

SV

Lutz Seiler

vierzig kilometer nacht

Gedichte

Suhrkamp

Der Autor dankt dem Deutschen Literaturfonds e.V. für
die Unterstützung seiner Arbeit.

Erste Auflage 2003
© Suhrkamp Verlag Frankfurt am Main 2003
Druck: Freiburger Graphische Betriebe, Freiburg
Printed in Germany
ISBN 3-518-41457-7

1 2 3 4 5 6 – 08 07 06 05 04 03

vierzig kilometer nacht

vor der zeitrechnung

nachtbriefkasten, schattenschlag
der fahrertür im hauseingang;
   wortwechsel, aus

dem wasser gehoben & verstummt
in jahresringen. plötzlich
alt die notizen

zwischen atemzügen &
was nachkommt, im rücken, am tisch, was
   nachts die wirbel aus-

einanderzieht in deiner beuge – wie
die verlassne spur es meint der schnecke *alles zeit*
   atmest du langsam, schlagend durch
die kiemen dieser dunkelheit

gelobtes land

I

erfinder

mein erfinder atmet ozeanhart. & was
zugrunde geht gelobe ich hält stand
in seiner schwebe. er

verkörpert sturm & wasserglas. ich gelobe
bleibe unentdeckt wie ein insekt für immer
stillsteht im gesträuch im anorak in
lederhosen übers knie. leise

unterm hut verschraubt die fest
im rumpf verbliebnen hiebe *falscher
einwurf falsche wiese* ...

II

vertigo

gabs eine zeit da sassen wir drinnen am tisch mit
den ohren im licht & nach draussen
ein blick wie aus scharten gewetzt. dazwischen

   insekten, in gaze erstickt. wer
hinten ging, der hatte seine eigne welt, ein
warmes ohr zur sonne hin, der schaufelte
das laub wie lob vor seinen füssen auf
& sägte abends

   noch am krümmer
seiner kopf-und-kragen-spedition. frisch
   gekappt stolzierte auch
das glück vorbei auf seinen stümpfen, schon
mit overall, mit mokassins, zugleich
indianisch & amerikanisch ... so
beginnt das wispern an den nüstern
der legenden *ich gelobe* doch

wer immer einmal diese bleichen
linkshocker der vorzeit waren, gebenedeite
girlanden unter der decke
begraben mit schüttelndem kopfe
zum tore hinaus – egal. nichts
geschah. nicht

der leiseste anflug: nur
ein klapprad, ein klappbett, dementis, nur
ein leben voller gegen-beispiele, voller
flaschen&gläser für angela davis, das

lachen im leergut & ich
war der spätling, der nachflog, der
den handwagen zog, der noch roch
nach dem blut seiner zahn-

durchbrüche: die
dinge hielten still in ihrer form, so dass
vergessen auf erinnern kam und all
die archivare tränen lachten.

III

der cartesianische taucher

ruckweis, nachts unter
den lichtbalken der zweitaktwagen
marschierten die *orchesterblöcke*: kleinäugig, auch
stumme formen & beweis

dass von beginn
musik vorhanden war. dahinter
milobarus *stärkster mensch*

der welt mit gliedern
seines panzers noch im schlepp, epochen
tiefer: koroljow, das

leitfossil, facettenohr
unendlich lauernd an
den schalen der radare *hell*

aus dem dunkel hervor; ich
wuchs noch im bettgestell, ich tauchte &
mein atem hing heraus zu einem gott am
schlauch, der saugte. nachts

unter den lichtbalken der zweitaktwagen
wehte eine welt mit stummfilm-
chrysanthemen, frisch

gespült aus den gardinen &
ihre formel rauschte *ohne*
   titel ohne ort

IV

im block meint der erzähler, heisst

im riss zu wohnen und im ohr. das heisst
zu wohnen in den bronchien eines schläfers in
 der wand. sein

wärmebild tritt blass und schief
aus allem, was noch kommt hervor: das
ist der erzähler. der erzähler meint den riss, der

ringe zieht, der wellen
schlägt und wächst, er meint
den dreck, gekläff und die zerstücktheit in
 den ecken: die
einfahrt, die verschwindet
im dunkel der einfahrt. er

meint, was anfangs schon
zu boden zog, fussblumen und schleifpapier, der harte
gang ins ungefähre meint

das schreiten mit kleinen
enttäuschenden steinen und stock
saurer milch in der nacht. der erzähler
sagt: »zerfressne *volkswacht* totes
bündel, das am kellerkoffer« – der

erzähler lauscht noch aus
den abstraktionen der furniere, wo
wir uns drehten, weithin drehten
kindheit grüsste unbesiegt
aus holztapeten der

erzähler meint *der block* das sind
die altneubauten, eisenschaukeln
die auf halb vergrabne reifen schlagen, er

meint das kind mit flaschengeld
am aschekübel: manche
folgen einem pfiff und manchen namen
geht ein stundenlanges rufen nach auf

plattenwegen in die dunkelheit; er meint:
da draussen existiere kaum die zeit, nur die geräusche, kurzes
aufschrein beim *wie abschied, wie erschossen* in
den türeingängen

V

siehst du die welt von osten: wie

das kurze, grüne haar sich legt
   der erde auf
die blasse seite, un-
gekämmt das mundfell bei
zitaten spannt, wie

stille post verkommt im ohr
ein feld aus spänen aufgelacht
das leichte tönen der geräte, ein
phantomschmerz in der luft: so

bist du davongekommen. du bist
das stöhnen selbst gewesen, krächzen, ächzen, leise
treten der gespräche warst
du es selbst im augenspalt
   des dunkels warst

du selbst das rohe ICH, das
böse, was du wirklich dachtest, steif
mit aufgestellten ohren bis
ans ende dieser kreidezeit: dort

sah ich, wo du nachts
     gelegen hattest wie
der weisse hase gottes lag, wo
deine statik sich bereits versetzte in

die angst ... ihre kleine, vom
körper gelöste figur ... ihr
    kieselskelett das

nochmals gravitätisch aufschien im gestell
    des bettes – eingestanden
sei ihre last, die mauern
herunter gestanden ins rauschende erdreich – exodos:

VI

gelobtes land

auf augenhöhe hatte man
die böschung frisch bepflanzt.
du hattest deinen patenbusch.
da war auch noch
ein eisenpilz & ein
geschweisster elefant.
& du tief nachts mit
    ohne mund
gepresst an eine wand

vierzig kilometer nacht

hubertusweg

... heimleuchten, hartwuchs: der preussische wald
ist moränen-mechanik, als ob
er noch aufrücken könnte, wort

für wort, wenn kühl
im laub mit dem regen, der kommt, der wind
   anschlägt und
sein langes, langsames sprechen
beginnt *jahrelang*
selber wald gewesen tags

in den lichtbeständen
der bäume, nachts in den maserungen
der iris vergraben – jahrelang

nichts. was ich hörte
die treibjagd, die tinte im fell seiner faust-
grossen fliegenden körper, jeder
   psalm verfolgt

vom psalmodieren, ein geruch
der die spiegel schwärzte im haus, das
waren die alten: ihre spuren
die schon stiegen im rücken, ihr
   osmotisches schreiten
   aus der haut in den wald, aus

dem sinn in die augen: blind
gespielt verlor ich bild für bild, ich sah
meinen zitternden schädel gepresst

an den giebel des bettes, ich hörte
die tinte im fell, das grundwort geschrieben
    mit stotterndem scheitel, *der wald*

an der bahn

schritt für schritt, um nachzulassen
   in den augen: das
war dein nach-hause-weg. ich sah
   laternen untergehn, verstreut
vertraut wie gräber, kurze

züge, abends *an der bahn* wenn
platten dieses gehsteigs locker
hochstehn & das licht
      in den waggonen ist
wie licht aus guten stuben, guten menschen die
in sitzhaltung vorüberfahrn; ich

   spürte haut: die farben
schöner tischlampen im speisewagen &
ein glas zwischen *zwei beiden* wurde
   langsam, hoch
aufs blut geschwenkt. ich stand & war
bis mich die zeit verschob: daran gehängt

für Nadja

»Ein Hund bellt. Was für eine Erleichterung: ein Hund.«
R. M. Rilke

der schrifthund

vom speckrand her: der richtplatz ist
mein lesezimmer. schrift
    mit lücken, dazu

russisch birken-blicke, die
geschlechter, weiss
    geleckt mit rinde
völlig aufgerieben: »fron

& wehrhaft, das
sind worte, die versteppen draussen, sandige
spitale« ruft

ein trainer, streng doch gut. der
schrifthund lauscht durchs fell, verlaust, er
hat noch altes blut & schlechte augen, nur
sein echo wirkt im echo leer, entzündet
von den nachkriegs-fluren *wer*
    da wer dort wohl
    wahnsinnig gefechtsalarm etcetera

& jetzt auf beutespuren: wo
im kranz der guten
    herrchen abgestumpft
das tier sein bild noch weiterschleppt

im rauschen: denn
im wald da wird das rauschen seiner
unbehaustheit gross & hoch
& seine unbehaustheit hat

den schrifthund aufgehetzt. der trainer
brüllt, der schrifthund kläfft
& bringt ihm all
die toten lerchen mit den versen, weich
am hals wie schleifentiere. das

war falsch. der gute trainer
muss jetzt schlagen, streng bestrafen, doch
er weint, er wendet sich

dem schrifthund zu: »ich weiss, das alles
warst du nicht, du warst
so welche trän' vielleicht
von schlechten augen &

vor versen eingeknickt
bist du, nicht schlimm, du bist
nur falsch herum gestanden, nicht
herein geschaut in mein«

& schlägt das vieh in sein gesicht.
dann folgt der schrift-

die rosen

die rosen liegen im schatten
und sind so kühl – was
    doch hiesse: pressen, präparieren, »emotional
gewesenes«. doch

zu leicht gebaut der kasten mit
der walze, resonanzen, ein
    paar fresken für
den trüben text, der weiter geht & dir
die hand auf deinen scheitel legt:

schneide die rosen, sie
beginnen zu denken

continental

heimwärts zwischen
kaiserdamm und spanischer
allee sah ich
zum bruchteil eingeblendet
im reflektor kegel meiner lampe einen

scheinbar kleiber sein
laufwerk stockte im asphalt er schien
an beiden vogel füssen schon vom gehen
        völlig abgeschnitten um-
gekippt auf seinen schnabel und
auch damit eingesunken: so

verbeugte sich das schöne
tier vor grosser fahrt bevor
ein blicken später das

radial sein schwaches
werk aus feder fell noch an-
gestaut mit augen ganz

in seinen stempel nahm und in
das weiche *sommer sommerlich*
gemurmel des archeus ritt, da hörte ich

im speckgürtel

kummerschlaf, insektenhusten: hier
   draussen sind die birken
braun. hier bläst der wind am haus die
asche unterm lappen vor. die hunde

wachsen in der luft & schlagen
sonntags mit den glocken an. das moos
besetzt den fuss. & vor

der quelle steht der schlaf
wie ein zwilling in
   den beinen &
kann nicht einfach sein

jeder ort hält seinen platz verschlossen

der ort entsteht unter
der hand im gesicht, beim
   sprechen mit
der weissen, rohen innenseite.

der ort entsteht am ofenblech, wenn
das letzte nachglüht in
die nacht: die abluft, der filz
auf den zähnen, die kettenabdrücke.

der ort entsteht morgens, allein, beim sprechen
hinter dem fenster. der ort ist
im zimmer, beim schlafen, an stiefeln
im flur, auf
den dielen *ich weiss*
   du wolltest nicht verreisen, du
   hast nur den fuss auf deinen
   schuh gestellt

vierzig kilometer nacht

I
provinz: jede kiefer, jeder kettenhund
schlug an im laufwerk dieses wortes hörte
   ich das warme
knacken der motoren, abgeschaltet, un-
      kenntlich im dunkel, war

der übergang geschlossen, gruben
stiegen die vom schlag der glocke &
im hebungskreis des schlages auf-
gezuckten ottern, wurzeln, schotter-
vögel hoben ab AUFFAHRT

SAARMUND: ich sah
im gegenlicht geblendet schnitt
jeder lidschlag einen blick
der flach & elternlos am schädel
stehen blieb, doch dann

mit wind nach draussen
   ging an bäumen, feldern, asphodelisch
   weiter, unsichtbar
auf pflöcken hockte in bitumen-
bergen abgeknickter zauberwaffeln: HIER
BAUT FÜR SIE DAS LAND ... und blind

roch ich am zubringer die neue
   spur. ich witterte
den schredder, zitternd aus

dem erdreich aufgestürzte kronen, stümpfe
    fassten fuss, ein dünner
flüchtlingsstrom durchzog die luft – ich fuhr

und roch an kiesel-säuren, klingel-
    drähten schwitzend am
zerbrochenen beton der vorkriegs-
autobahnen: ich

roch den rüttler &
die korngrössen der engel mit
    ihrer federnd schwer ins schotterbett
zurück gestossnen last – das alte lied: ICH
MÖCHTE GERN NOCH BLEIBEN doch

II
DER WAGEN ROLLT am bild vorbei: etwas
ist verschwunden, fehlt, ein haus
    taucht auf im unterbau
abgebremst & still-
gestellt: mietparteien, gästebücher, letzte woche
westbesuch? die ganze spreu statt blicken, jenen

hinterlassenschaften, hatte
ich den schmalen STAU von luft-
figuren toter körper in den augen, wie
das rauschen ihrer linien am gesicht
verstummt *o lass*
        charon den toten ihre seife ... rutschen
        reste der markierung falscher
        streifen wussten
        auch bei vollschutz nie was links

und rechts vom bodenblech
ins dunkel schlug ... ABFAHRT
TELTOW der kanal, zur rehaklinik die chaussee
aus elternlosen blicken: ein
heimatlich gedächtnis stieg
& hockte festgezurrt da draussen auf
den kartographen-pflöcken im parcours
der kalten übungsplätze *leutnant gawrenc*
zu befehl: jeder blick
ein NEGATIV. tunnel aus
absencen. jeder sieht etwas. was du nicht siehst.
und das.

III
sind nervenbilder, regen. der
geruch von nadelholz. der blick
will hoch, während die reifen

sich durch wasser graben. spurtreu
pfeift das KIRCHSTEIGFELD
an seinen alten transit-planken, bis
POTSDAM salutiert ein tiefes
atem holen liegt noch
in der luft *nie ausgeführt* schau an:

von allem, was es einmal gab
rauscht mit seinen enden ein
luftgeweih am gegenwind *und hier*
erklingt noch etwas büchse, rostige konserve in
der erde mit den drähten für
die leere, ausgehauchte muschel
deines ohrs, denn dann –

IV
BERLIN: wachtürme tauchen auf an
licht-maschinen, flak-beleuchtung, laser
in den linden-blüten – republik

berlin: hier brennt die luft, in diesem rohbau
ruft dich abgewandt, wer hinter dir, wer
    vor dir steht, das

überträgt ihr riss, der grund, vernarbt
der fäden zieht, die wirbel-
säule mit der schrift
der meridiane und das leichte
knackgeräusch beim drehen ab-
gestreift wie haut: *und das
bin ich?* doch mehr

als das spürst du
die gegen-zeichnung dieser luft wird dir
beim gehen aufs gesicht gelegt und wenn

von den provinz-moränen wind
und eine maske wächst voll täterdrang
um deine augen und die haut

am schädel spannt, dann will
die hand, was nicht
mehr geht voran, während

das opfer hinten
steht im schädel
schmal & flach, ein nagetier, *kann
nichts dafür nix für bitte das – –*

V
ist die berliner luft.
und kein gedächtnis hält die luft

auf atem-wegen in den kronen
und rhizomen deiner lungen-
    flügel, deren
»blätter vedahymnen sind ...«

nach dem buch

nach dem schuss fand er die leere
  hülse seines namens auf:
die gründerzeit steckt in

den fluren die
flure in den häusern fest &
  häuser stecken ums verrecken
fest auf unsichtbaren gründersteinen: doch
zwei dünne schläfen stehn im dunkel mit

der ruhe schiebt ein vogel ab & eine
länger schon ertrunkne wespe
bildet einen wattestern: mit dem sie langsam, lange
  ausflockt um ihr grab

in abgeschlossenen kapiteln wohnen

gedenkstätte: vergatterung. dein
name, nur versehentlich
genannt. »denk an!« ruft jemand leise auf am
radiotisch; bulgarischer
keramik-ascher & die schilfmatte im
   rücken, wenn
frau m. die kreuze abends einsticht in

     den kragen ... *laden*
sichern altern ... im geräusch
deiner mitschrift, das ist
bei den toten zu sitzen, im haus. wo
ihre wachse & öle verfliegen, wie
um die abgedeckten kieferböden
haut-geruch, wie auf den abrasierten

köpfen die schraffur, das roh-
wegblitzende der nägel, wie
alte tinte vortritt an
     den schwellen, braun und schwarz. du
spürst den helm, die haut am schädel wachsen in
den grundrissen, die dunkeln
nach & nass von schweiss verdreht
der einsatz die erinnerungen: *laden*

    altern & am ende
gehst du noch einmal durch
alle fassungen zurück, fremdzitate oder kämpfe, das
ausdampfen der marschordnung
am schlagbaum, vor der rampe: du

atmest ein, das
glas, der tisch & in der mulde

vor dem mund sitzen die toten auf
den zündholzbriefchen, zwischen
strickplänen & notizen, ins
gespräch vertieft *was schreibt, warum* das
wohnt in deinem schlüsselbund
wie durchzähln bei verdunkelung

delphin oder schmetterling

wir lagen vor madagaskar und hatten

                    die welt
und das thema verfehlt: wir lagen
        vor gera, vor krossen, wir übten
die wurzel, revolution von unten, nicht
bismarck, lenin, insekten
kamen herein, kleiner
        als ihr geräusch; doch die hände
lehnten feucht und schwer vor uns
auf den ozean-bänken, halb

vergessen stak darunter
        das gebet noch tiefer die
feld-etagen-büchse, aluminiumbrote
aus der vorzeit, darüber

kopien des raumes, kopien der luft: vier
polnische panzersoldaten und ein einfacher
hund, unbesiegbar in der angst und nachts
        das ticken seiner hundefüsse
        endlos, hündisch, unbesiegt ... was

die orte nicht verloren, hatten
sie alles verloren: dass
es dort gewesen war – der hackstock
im kopf, der klumpfuss, das heizhaus hinter
den rothaut-gehölzen, wo wir
die sklaven quälten, erst nitzold, dann
        stöcklein, streng

nach *seewolf / 3. teil*; wir hatten
die pest an bord und eine verlassenheit, die früh
6 uhr mit den sohlen zart besaitet draussen auf
den stufen stand und wartete; so gingen wir

morgens vor der zeit hinaus derart
überdacht im denken selbst
vergessen hinterm mond als angst
im tollkirschenbaum und als süsse verkappt
    in den blüten der nessel – war
der weg nicht geklammert an uns, die winkten
am rande des wegs? an die reste

von schrift, die restliche schwärze am tor, an
stöcklein in der hängematte, sein
    splitterndes stirn-
aufschlagen, luft-geräusche, im nebel, sagten sie
bei nebel kehrt die schwerkraft um?

stöcklein ist tot und nitzold
hat die wäschemangel. nur wir
    sehen noch immer
aus wie verboten, wir singen
wir springen das mitten im kehlkopf vergessene lied
und die brottaschen kreisen an ihren riemen
wie madagaskar-koyoten um unseren hals

dioptrien

war das volker, hagen, rüdiger? auf
eines jungen deutschen
brillenträgers kurze sicht, was

aus dem waldrand zielte mit
unsichtbaren mündern? ich
ahmte leise einzelfeuer. auf

zuruf war man tot, fiel um & musste
liegen bleiben. dann
geräusche eines überflugs im gras; ein tier

das wiederkäute. wenn
etwas aufschien gegenüber, war
es vielleicht kein messer, nur
ein fenster das – im auge

stiess die dämmerung zur nacht, stiessen
    die kronen nach
der bäume, ast für ast »aber

die toten am waldrand« rief ich *das
sind doch unsere leute*

ammoniak

nur hirngeschaut, gesehen nichts, all das:
versäumt. ich nahm schon ammoniak. und als
das zeug im park von reichen-
bach in flaschen
   explodierte, roch

ich meinen vater durch
den ärmel seiner jacke &
ich kroch zu ihm hinauf: er
lag da wie ein insekt, das nach
dem schlag die nadel
beine dicht am körper ein

knickt & verschränkt: gehärtet, fast
gehörlos schaukelnd zählte
ich was übrig war. die atmung

seiner kleider lag
erbrochen in den falten schon
der haarbusch war aus bast von birken ab
gefroren, gräser, kapillaren wuchsen
aus dem mund, musik: *ja so*
   warns ja wo

warns meine kinder kindes kinder mit
den jahreszeiten redensarten frischen
zähnen »hört mal, vater hatte immer

eine flasche ammoniak im ärmel ab
    gefüllt bis an
den grauen scheitel-strich: an dem
& nirgend sonst hab ich gesehn
dasselbe zucken, leichtes drehn«

hoddis

1
diesen weg auf den höhn ... das laub
ist zahm & frisst
die schatten von den füssen

2
»ganz wenn ein mann mit seinem windspiel durch
die fremde geht

   sprunghaft, doch
   aus weichen knien, in

strümpfen trauernd &
auf strümpfen wie

ich ausschritt diesen anstalts-weg«

3
neunzehnhundertneunzehn: bei
den anamnesen sind
die beine leicht gespreizt über
   insekten-kästen &

in flughaltung genadelt. poesie –
mein orthopädisches handwerk

beton

zwei graue aufmerksame kinder lehnten
oben im portal das eine
hielt die anstalt in den armen das

andere las *es war einmal*
zu früh an jedem morgen und
    ein sehnen das

sich selbst nicht kannte abgekniet im katzensilber im granit
der grossen schotterfläche *du*

bist mîn so standen wir und schauten
hoch für immer ab-
getauscht mit schwerer tinte an

den fingerspitzen spastischen
kapuzen-küssen *ich*
bin dîn: aus kies, zement, armierungseisen.

schlachten, träumen

wer das erzählen wollte: kopfgetreu, ein draht-
gestell, zwei unterkiefer, abgerissen
   wie kalenderblätter. das

tier stand schon in gläsern, als
zu mittag der beschauer den
roh gekühlten rest ins licht
seiner vergängnis hielt … ich

sah ganze dörfer brotlos in der schwebe, gegen-
pläne, melkmaschinen & defekte
anatome klumpten teils im sprung und teils

im flug *hier wache ich* doch auch
die kettenhunde ausser sicht: ich sah
   generationen in efeu gekrallt oder noch
   in den daunen. wer
am seidnen faden, wessen nadel
stach & was

im stickwerk deines linnens stand: das
wusste keiner mehr von denen
sacktest du wie jeder ab
am abend schwer ins schädelkissen deiner
eignen vorzeit ein – *brett ran. schacht zu.* so gut

   war schlaf; doch an
den bleichen innenseiten der bezüge klebten
feucht die scheitel deiner ahnen, asservaten
über schecks & schreckpistolen ab-

gezockte engel hockten
bleiern atmend in den bergen

deiner mitgift ein: das
träumst du alles
was der fall ist, langsam, erdwärts
   schritt für
   schritt, so dass

im gehen sich die achse
deiner schwere dreht mit übertragungen
von oberflächen, übungsschlacke, ammoniak & etwas
fugengras: ein schmaler

echopfad am fuss verhallt: warst du
was tickt, das eingeweckte
tier im glas? dass spröde im
gewölbe, kühl & tastend dicht aus abgekochten
schatten wuchs ein ast, sein pfeifen

hielt im dunkel an, ein ton, sein lot
zu gott im gras – hörst du
wie die schritte innen, aufwärts an
den schädel schlagen, wie
der gang deiner gedanken an
den sohlen klebt *ist was*
der fall ist nicht zu spät? egal

ob einschlaf oder totschlag: lies
bevor du deine augen schliesst
was initial, im klein gestickten, buchstabiere
   wer am kurzen
ende deiner decke steht

drei kasten-vögel

während in den keilschrift-resten es
der rabe ist, der scharrt und frisst, das
heisst: das land
      verkündet, nimmt

man später dafür eine taube. die
schwalbe ist bereits verdampft
in der überlieferung. der rabe, zwar
noch da, wird ausgeworfen, doch

verschwindet – fort, vielleicht vertrocknet
er und fliegt bis dahin »immer hin und
      her«: kein

hinweis seinerseits auf land und auch
kein wort mehr über ihn, den raben *alpha*
aller schwarzen poesien

mittagsschlaf & heldenfilme

jeder tag hatte schwere
verluste hinter dem haus, doch
tote tauchten nirgends auf. ich

spielte hund. hund, der langsam-vorwärts
kroch unter den pritschen bis
auf deinen schoss – ich

spielte winseln, wange, blinden-
   sprache, dass
nichts umkam im gefühl
der ersten liebe: ich
war abgekniet. & dass auch sonst

nichts umkam, klang *good bye
ruby tuesday* durch
    das haus; geflaggt
war glattes, schwarzes haar &
irgend etwas trieb die tränen aus

aqua vitae

: delphin oder schmetterling –
welche verkettungen, herausgedacht, träume aus
dem hartgummi der badekappen: *name*
   klasse, gross-
buchstaben, schon verwischt
stand aufgestülpt die kulischrift
über der schädeldecke … das

           warst du: der blasse
köder im kabinendunkel, dann
entfernt im rauschen, taub, die ohren an-
   gebacken, fest

verklebt im helm das haar –
: delphin oder schmetterling?
wie kam es, dass
   du frorst, woher
das herzflattern des albatros unter
deiner hühnerbrust? anschlag
sauber, schnelle wende, nur

ein fern verschlossner augenblick
mit kachelgrund & chlor. kinn vor, brust hoch
gerissen, kopf zu gott, mit spastisch
   kurzen stössen, dann

warst du auch das: ein steiftier, unbegabt
das fünfzig meter um
sein leben schwimmt. auftrieb null, verdrängung
   gut: wo hier

dein körper war, da konnte auch
ein andrer sein & was
du vorn beiseite schlugst, zog hinten
in die schwere deiner beine ein.

: delphin oder schmetterling –
wer schwimmen kann, erzählt
vom landgang seines lebens *knochen*
schrumpfen flossen werden
spinnenbeine abends, auch
im fadenschein der bäume: doch

was einmal hart bis ans verschwinden
schwimmt, erinnert sich: jeder
bademeister hatte stangen, pflichten
& das tiefe – wer
ist durchgekommen *bitte melden* jetzt
schliessen die archive

heimfahrt

das ist jetzt alles lesbar; halb
dunkel draussen sprechen tauben aus
dem holz. stationen
bahnstationen, nachbarstaaten: ich
bin müde auf dem hocker. eben-
erdig werden birken
buchen vorgetragen. etwas
fehlt, dem ich jetzt winke. alle zeit
von gott, das wollte seneca. ich wollte
ein akkordeon & einen hund, ich sah
dinge, die vom tisch
      herunter stürzten, in
denen ich enthalten war

im frühling

I

noch einmal wächst die zeichnung

meiner dörfer aus
dem schutt, die verklemmten
  gelenke ... am abend

bin ich abgelöst von
einem rufen, das
nicht spricht, ein leuten, luftgeschöpft
mit tieren eingetrieben. offen

liegt im acker das
heimleuchten der knochen, das
hinkende der glocken; durch

die schwere lose schuppung meiner haut
habe ich mich ausgedehnt.

& unter den mondsichtigen algen schlafen ...
unter den von schweiss & badetagen
versalzenen gardinen sitzt

der gorilla aus der rue morgue &
starrt auf diese lange schräge, die
vom garten an mein fenster führt

II

von diesem fenster könntest du

dem toten, der am zaun steht
    winken ... du
hältst sehr still. du hältst

das ohr am bettgestell, hörst du
den drehstromzähler, der
uns im schlaf nach hause fährt; erst

B, dann A, dann T, wenn
grosse führer starben, wurde vor
dem haus gefegt. & durch

die spulen, widerstände, durch das grün
gedämpfte licht der skalen an

der wand kam die geschichte jener
    männer, die
gingen & gingen & gingen

III

in welcher zeit

hat das gespielt? das
war nur alter baumbestand, wie hier
die schatten lagen, weit zurück; das war

nur endlos-dünne schrift, gedreht
beim abendbrot, im lampenglas mit
ihren runden, das
ewige insekt & sein geräusch

wenn die normaluhr steht. ein
vakuum traf meine hand
dann flog sie
noch ein wenig, taumelte
    am rand, ich
hatte mich verwunken

deutsche alleenstrasse

im jahre eins, das war

das scharren am boden, aufgekratztes
schweigen &
vom tod gefaltet: winterfliegen.

das erste – ein kriegsherbst, wenn
   die dinge schon von
einem nerv durchzogen sind, entzündet an

der luft. die treibjagd holt über
dem acker die schwerkraft
der gleise *entfernungen*

   schrumpfen & wer
gerade unterwegs gewesen ist, verschwindet
in seinen gedanken: du

siehst die fische spuln an zarten strähnen
männer, die in hohen wellen husten. wenn
das bloss reisende uns abwirft, hörst du

pferde im abfluss, getrappel &
   eine brise, die
aus den kanälen chemisch

aufwärts weht; du lauschst, gebannt, vielleicht
gibt es noch die zauber-spinnen, die
in den alten rundfunk-stimmen hocken, winzig, gut
verborgen, ein
   juckreiz nur im ohr
   von *relativität*

schnelle geschichte

knie, krachledern oder gummizug – dies
   alte freundschaftsbild
mit hauteindrücken, bastelbögen … jeden
morgen kaltes wasser, kahle
brüste, liegestütze … und

ein lied hob an & schwieg. doch dann
ermüdungsbrüche, sogenannte
schurkenstaaten – daher

nochmal leichte grätsche, arme in
seitschlag: »ich bin
   ein togoknabe und

hab die heimat lieb« auch
»du gut freund towarisch los –
stop tot und schade«. erst

die abgeschafften dinge hatten
etwas, als hätten sie inne
das gebet auf einer rille, jahresringe, wo

es anhob & verstummte, endlos anhob
& verstummte

ich wusste nicht

weshalb er dort gesessen hat im
kellergang den körper hart
am kalk vertrocknet auch
die augenflügel bis du ihn berührtest: er

ist dir mitten ins gesicht gesprungen &
zwei sekunden ohne atem hast
du mit der toten stimme
deines lieds gesungen

global village

schwerhörig, grasend, als ob
  sie jetzt noch
nahe kommen könnte mit
der tagesdecke, häkelschrift, den ornamenten, die
  bei kerzenlicht verdampfen – ilse s.

die lebenslang einmal verreisen wollte, schwester in
bad doberan DAS MEER: wie laub, gefroren, schnell
zerbricht an schritten, dachte ich

an eine stelle ihrer knochen, wo
sie jetzt auf wasser trifft. in wellen, in
gewölben über rasen-steinen
  steht das gras, das
waren ihre bäume/vorbeet/mittelweg – ich las
  von ast zu ast die hohe
ungelöste schrift DIE WELT als man sie fand

am küchentisch: STAHL BLEIBT KALT
IM BOOM ALI VOM RING DIREKT INS
KRANKENHAUS DIE PEST

BREITET SICH WIEDER AUS – und ilse s., sie hat
die bernstein-brosche angelegt, sie hebt
ihr dünnes köfferchen – auch

alle schwestern in bad doberan
halten über winter fest
  am laub, ihr körper

ist bewegt & ihre
embryonen-hände streichen über:
die blitzenden scheitel der räder

in schichten von wasser

in schichten von wasser, zart
wie knochen eines vogelflugs
lockerte die feuchte der

kälte ihre klammer, zwölf
langsam atmende schatten kamen
   auf und das
war die chaussee der jahreszeiten.

der frühling wurde
durchgewunken vom sommer &
der sommer durchgewunken
vom herbst usf.

wenn ich einmal hätte aufatmen können, die
grössten der schiffe wären
vorüber gezogen, sorglos
& fremd & von den flaggen her: leer

deutsche alleenstrasse

I

ortsauswärts atmen & der wind
spielt flöte draussen auf
den toten mastanlagen vor caputh ... so

begriff ich die stellung der tiere
im dunkel, verschlossen, die kurz-
schrittigkeit ihrer knochen
        im schlaf. von

einem haus fällt licht
aufs nasse: dort
war der herzschlag eingebaut. jedes
schlagloch ist bewohnt & nicht
die stimmen, nur das rauschen ihrer

        grundrisse & geweihe
hörst du in der luft ... von
        wolkenkronen wie geruch
im mund wuchsen die sprichworte, gerüchte
zogen in uns ein: ortsauswärts

atmen & der blick versorgt
        was übrig bleibt. du stehst
wie abgekupfert in der luft vor den gerodeten balkonen, vor
den fassaden mit den ziffernschatten auf
        den steinen, mit
dem vogelkot, geäzt im putz, den sedimenten, grusslos
im rückraum der symbole

II

oben wind noch an den blüten, an
den füssen ist es still. mit
        festgebundnen schläfen streicht
das land vorbei, ein
astwerk, zwei gebäudezeilen, kradmelder
& kräder ziehn auf hundebuckeln

tunnel durch die nacht: du
        tastest dich, mit
tarnbeleuchtung, armaturen, ein
vorsichtiges blau
        sticht ab, ein cylla-blick

bei kerzenlicht – das feine
brummen ist ein stöhnen, das
        knacken, wenn
die köpfe kurz noch träumend wachsen &
das knirschen, wenn ein blatt
sich löst, zu boden geht – »der sonntag

wird durch die wolken gesteckt!« – lachend
        bis an deine ohren an
den dünnen, wasser-trüben

grenzen dieses blickfelds zieht
das krumme strich
                für strich & links
wie rechts der übertünchten

stämme ein durchs blätter rauschen: hinter
deinen ohren, hand in hand
schliesst sich der reigen – totentanz

III

auf wenig geht alles
zurück. die strasse, dann
  der viehweg, jemand
winkt bergauf. das wispern an
den fingerspitzen ist
ein tau. das kind
denkt zu fuss
laub & *laub* & *laubgeruch*

umsolieber

sicher ist, sie sind
       geflogen ... kleine
vögel ziehn vorbei, aber grosse

erinnern sich: unseres blicks aus
dem fenster beim
ersten schnee, wie

man langsam, nickend herantritt durch
die nässe in den furchen, des
unter den tisch gefallenen
umsolieber

(nosferatu)

fritz w. plumpe alias murnau ver-
unglückte in USA. nikolaus
nakszynski alias kinski wohnte untermiete, 7
jahre bonner strasse in berlin. ich

lebte auf dem land & ass »zetti« aus
zeitz zur *gute nacht* mit walnusskuss oder
umarmt stand ich am rauchertisch
mit der bronzeplatte. dann

halb schon hinaus, im flur, erwischte mich
auf kaltem fuss eine musik & durch
den lichtspalt, leise, sah

ich zum abendfilm zurück: ein
dünner toter, der verbissen, knirschend wie
   an trossen aus
dem boden klappte, um-

fasste mich mit seinem blick – so
fiel die tür ins schloss & ich, verwirrt, im dunkel
stieg die treppe auf mein zimmer; der
film, der folgte, läuft noch immer

hinter garagen-zeilen

sprechplatten, zerbrochenes
               vinyl, darüber in
der winterluft: rennöl-geruch; am

abend ruft man noch einmal die namen … lange
    körper, langes
atmen im versteck, hinter
garagen-zeilen das gebüsch, das in
den mund gewachsen ist. ich brumm

hier still so für mich hin wie *tempo*
hundert shiguli; ich
hock in meinem schlaf-
           geschnittnen schädel &
der boden steigt die beine auf
durchs laub … war das
ein sand, ein salz oder myrrhe? oder
hatte man noch mit asche gestreut? das

sind kleine höllische fundgruben, die wir durchfahren
    mit ihrer nach oben
offenen tonwelt: ein klingen, ein glöckchen
           aus gläsern & knochen etwas
das kläfft, aufschluchzt im dunkel … *ein*
volk löffel, satzgrundrede dann

die kodes der marschbefehle: doch
ohne anschluss, flach gelegt
stehen diese orte da & fülln
        die stolzen bomben lücken –

schrägdach / stütze / hohlbeton – welche
ruhe im gebüsch. und *vorn*
spielt die musik im klee. verboten ist
das offne licht.

achter mai

es war am »tag« im ehrenhain, am
   ehrenmal, als
ich im weissen koppelzeug – mein

blutdruck stürzte nach dem langen
still-gestanden – kotzen musste hinterm
stein der mutter aller schlachten &

vor scham nicht mehr hervorkam, sondern
floh: geduckt zwischen den gräbern dieser
helden, namenlos & froh

gegen den, der es ausspricht

... die ersten tiere, innerlich
salzig wie das meer, die ersten vögel
hielten noch die füsse still im dunkel. ein

misstrauen stak in den blüten, wenn
sie gerade noch geschlossen waren, rot
wie kindsköpfe, kurz vor dem wort. von

draussen übertrugen sich
stösse im erdreich, bis
      in die augen. aber

von tür zu tür geht der blütenverkäufer:
man gibt ihm die hand & er
hält seinen kopf in den strauss; wir sagten:
   so schöpfte er mut
für die verborgenheit alles übrigen, für
etwas, das kehrt sich
gegen den, der es ausspricht

altes objekt

... insprinc haptbandun,   invar vigandun.

I

altes objekt

gelenkpositionen wie blutbodenproben
& alles nur flüchtig gedachte: ich
hielt die gute vene still –
jeder wort-laut war jetzt eingedunkelt am

gebiss, zurück in seine ruhe ... du
fehltest, aber fehlen fügte
   sich & schrieb

die ausgefochtnen knochen wieder
ein im schlaf, so
   stück für stück aus

filmblut, holz & steinen: »es
mangelte ihm nicht an
sehnsucht mit der hand, doch

mündete der rumpf bereits in einen
toten arm« – das wars. wer schreibt, der bleibt &
das *objekt* hält die erinnerung

mit fliegengittern, gatsby-nächten am verdeckten
ende dieses korridors

II

dreiundachtzig

bunesische graugans vor LEUNA, abfackelnde
    gase; das
        onanieren auf posten &
frieren. vogelfüsse hörte ich
abgerutscht bis ins karbid. ein dünnes

weiss, ein bienenschnee & müdigkeit. mit
meinen zähnen stand ich weit
hinter diesem ort: mein
    schatten, kalter krieger –

fällt noch & betrachtet was
ihn abgeworfen hat: geplapper, schwere
atmung & amorphes auf
    den fluren »wer
sieht sich hier nicht mehr« & wer versteht
noch die kabinen-bänke, röntgenfarben, schweiss
mit zwanzig aluhaken: ich

hatte dieses lose blatt von
einer tür gegen das loch der nacht gelehnt – in
einem grad nur von vergangenheit
stand dort ein tisch, ein bett im
oberlicht, transistor ja &
die »vier-schanzen- ...« der

bahnheizkörper mit der wendel, glühend, wo
der filz, die stiefel brannten; du
wolltest langsam
    langsam tanzen

III

dendrochronologie

da stand dein bett, wo jetzt
zwei birken schlafen, du
mit den wurzeln in den knien. baracke 5
verwächst mit *tuning/styling hagebau* – sehr
verstreut sind diese existenzen &

dein atem schleift am bettgestell. die krone
macht den himmel gross; geäst
am gaumen, taube haut
   die einzeln mit
den zähnen flüstert *ich*

war zu schwer, ging neben her
& frass die schatten aus
         den bäumen, es
waren·fehlgeburten drin, noch feucht, die
warfen ihre bilder in die nacht

IV

porträt

die hand an der naht
zwischen den augen, es ist
als wäre niemand da. ich oder jemand

grüsst am spind, der spind ist tot, zurückgelassen.
ich bin berührt, das erste mal, so hab
        ich ausgeschaut; zuerst
will ich das astwerk vor
dem fenster lesen, doch dann greif ich
mit den finger spitzen immer hart
am ziel vorbei. ich las: die gleise atmen weich
mit brustkörben auf &
                ab unter den waggonen, die
vorüberfahrn; ich las das saure in
den augen, sommerholzgeruch. ich
las das ausklappen der stühle, ein geräusch
    von draussen, das
dauert über jahre, erst

            für sträflings-, später grund-
    wehrlager, nesseln sind
besucherraum. ich las
die welken zaubersprüche in
den ritzen blühte wasserdampf aus wallace-filmen, rauhe
mengen feuchtigkeiten wuchsen auf in dünnen böden mit

zerbrochenen kanälen, mitteldeutsch & innerlich; ich
    las: ich war
vor meiner brust mit beiden händen
eingeschneit, im ohrenschlaf: von mir aus
rechts, von vorn

    gesehen steh ich links
vom speisefach, noch ohne meldung, nicht bewegen: ein
blatt oder ein mann beugt sich & nur
das kennwort ist vergessen: am

anfang beisst du in den tisch. am ende senkst du
deinen kopf & denkst herunter zu
den füssen, kurze, schnelle schritte um
das unsichtbare ICH

V

während wir schlafen

während wir schlafen, entstehen die karten.
auf der abszisse: das niemals geglückte. wie

von kopfende zu kopfende leiser
    es gekommen ist. jeder
vorschein einer haut behaust, ein traum
von speisekameraden, winterfalter, unantastbar

ihr geruch. am fenster
wenden sich die frisch gekalkten
stämme in den mänteln *name datum* rune
    über herz geritzt, was
üblich war: ein fahrtenschnitt. »man sieht

nur, was vorüberzieht«: erst das lachen
    dann das grüssen
gegen die zeichnung der bäume bei nacht

VI

safari

ich sah die aufgegebnen flaggen von
citroën am alten panzerplattenweg; ein toter
xantia-handel. das
   dach: durchstossen, es

war schon dunkel draussen. mit
wolken aus den decken hing
die glaswolle, der wind blies fäden durch
den korridor, ältestes erzählen: ein

ausgebrannter vordersitz, ein russ, der
nach dem gehen sich
legte als das grob-gekörnte dieser jahre –
schwarz, dann weiss, erst schwarz . . . doch auch

vergessne, restlos
ausgestorbne arten kehren um, sind
gleichgestellt & kämpfen, wölfe
& insekten auf den alten routen, wenn

die erde, wo sie weich ist, hochgeht mit
dem augenlid . . . ich
sah die böden: schon entsiegelt. aus
dem grundriss der wachstube wuchs
   wachsteppe, aus

angst trat zeit *wie eins* so rank
& peitschenschlank aus buchenkeimen – ich
ritt auf eines wiedergängers
    ewiger safari

VII

schön ist die vollkommene ruhe

am ende der flucht: der mund
steht auf nach unten
    kreuzen sich die kabel-
        enden wie gedanken; du

bist auf ledersitzen eingenickt
im maschinenzelt, du hast heraus
geträumt durch frontscheiben ins dunkel im

SAS im WAS im SIL von
karawanen in kolonnenfahrt: alles schrott
    & alle in zivil. im schlaf
ziehst du das linke nach, ein stiefelrest

fliesst aus, verfault, ein fleck
verschwindet im beton. die landschaft: talkum
        russ, geritzt
nach höhlenart die skizzen *bin*

täglich hier und lecke – telephon; ein
abgeschnittner gürtel in der ecke. du
wolltest die geschichte *sehen bis*

sie kam: ihr plötzlich-schweres
aufklappen an trossen, seufzend aus
dem boden, ihr löchriges
    pfeifen beim anfahrn im wind &

deine von innen beschlagenen augen

VIII

am ende, wenn

der blick frei ist für die leeren
    hintergründe. jede
erinnerung beginnt mit den retuschen, mit weissen
wackelnden löchern über schultern *schmal*

wie hering zwischen den augen & unmöglich-
dass-von-dort-noch-etwas-kommt. zuerst
setzt du die namen sauber, langsam
wieder ein. dann löst du

    die gesichter aus
den fuselrändern, untersetzern, dem vergessenen
fisch mit stiefel im maul, aus
den vor uns im hügel lauschenden blechen
von ganzen oder oberkörpern, aus
    den schnee-männern mit
erhobenen fäusten hinter dem haus & orakel-
steinen auf der brust: langsam, sauber
    löst du aus
all ihren exilen die gesichter, dann

klebst du sie zurück – in diesem abschliessenden
schritt – auf ihre schultern, in die köpfe *schmal*
wie krieg zwischen den augen

ende & anfang

    ... achselbänder
schurz, sandalen & helm
siegessäule des naram-sin
gefunden in gusa
jetzt im louvre
so zwanglos wie möglich ... ich

dachte »spaziergang«, zuerst
nur das wort & dann
die strasse herunter, das

antacken der laternen, hafentöne
von den gleisen. der aufstieg
gegen die füsse beginnt, das
abblättern des regens an
  den händen, blindenschrift.
man betritt seinen schatten. man

betritt das geharkte, zögernd &
die rüden lächeln durch die jägerzäune

Inhalt